Helene Gfeller

Bevor wir auf die Erde kamen

Neues Wissen

Inhaltsverzeichnis

Vorwort

Nach der Fertigstellung meiner drei Bücher, verfasst im Tagebuchformat, erhältlich als Hardcover

Buch der Kenntnisse – von Marielene
Das Ende der menschlichen Geschichte
ISBN 9783837043372

Buch der Erkenntnisse – Helene Gfeller
In die eigene Einheit gelangen
ISBN 9783839164990

Buch der Bekenntnisse – Helene Gfeller
Die Lichtfamilie
ISBN 9783839165003

die das Ende der menschlichen Geschichte, sowie den Übergang ins Neue Leben, aus authentischem Erleben und hohem, reinen Channeling aufzeigen, bekomme ich Neues Wissen, direkt aus der Quelle allen Seins, mit der ich seit deren Hohen Einweihung, im Herbst 2002 auf Teneriffa, in absoluter Einheit lebe Dies veranlasste mich, all diese Erfahrungen als geschriebenes Werk festzuhalten, um es der Menschheit weiterzugeben.

Der Inhalt bildet die Niederschrift einer Zusammenfassung der erwähnten Bücher, welche schlussendlich eine Trilogie ergeben haben. In Kurzfassung wird in dieser Abhandlung das Wichtigste nochmals beschrieben, sowie «Neues Wissen» hinzugefügt.

Die Gesamtfassung der Trilogie ist zu beziehen, als Paper-

back, in allen Buchhandlungen weltweit sowie über das
Internet, auch als E-Book, unter dem Titel:

«Zwillings-Flammen» – Trilogie von Helene Gfeller
Der Neue Mensch
ISBN 9783844815498

Wo waren wir, bevor wir auf die Erde kamen?

Was, wer und wie waren wir, bevor wir das allererste Mal einen Fuss auf die Erde gesetzt haben?

Wir waren Lichtgestalten. In der Einheit mit der Quelle allen Seins, ohne physischen Körper.

Hier und Jetzt auf Erden, erfahren wir dieses Sein in menschlicher Gestalt. Etwas noch nie Dagewesenes beginnt sich zu vollziehen.

Einheit leben auf Erden

Nur mit der Integration dieses Wissens dass wir Einheit sind, auf Zellebene, ist es möglich, einheitliches Leben auf Erden zu leben. Die menschlichen Zellen brauchen diese Neue Information.

Durch diese Neue Information werden wir fähig sein, dieses absolut einheitliche Wissen, dieses allerhöchste Bewusstsein, im menschlichen Dasein zu leben.

Das Zellbewusstsein, was, wo, wer und wie wir einst waren, bevor wir begannen, unseren Heimatplaneten Erde zu kreieren, der uns die Möglichkeit bot, Dualität zu erfahren und zu leben, wandelt sich in transformatorischen Schritten in die all-ewige Einheitsenergie.

Wer sind wir?

Wir sind alle, jedes einzelne Individuum, die Quelle allen Seins.

Jeder Einzelne ist Alles was Ist und existiert.

Mit diesem Wissen sind vereinzelte Wesen vor über vier Milliarden Jahren in die Bereitschaft gegangen, unsere Erde zu kreieren.

Jedes einzelne Wesen kann in sich hineinspüren, ob es bei der Erderbauung dabei war, das heisst, von Anfang an auf der Erde gelebt hat.

Weltenerbauer

Es spielt keine Rolle, welcher Nationalität dieses Wesen angehört. Eben diese Verschiedenheit macht die Erdbevölkerung aus. Jedes Wesen als Erderbauer trägt dasselbe Wissen.

Die Verschiedenheit der menschlichen Kulturen basiert aus diesem Zusammenspiel der Auserkorenheit der Erbauer der Erde.

Diese setzt sich zusammen aus Wesen von verschiedenen Planeten, sowie Lichtgestalten, die immer nur im Höchsten Licht gelebt haben.

Wir nennen sie Engel und Erzengel.

Von diesen Planeten und höchsten Gefilden war je ein Paar, als androgyne Erscheinung, bereit für die Kreation des Schulungsplaneten Erde.

Schulungsplanet Erde

Hier auf unserem Heimatplaneten Erde hatten wir die Möglichkeit, zu erfahren, wer wir sind, woher wir kommen und wohin wir gehen.

Was sind wir?

Wir sind reiner Geist.

Wer sind wir?

Wir sind die Quelle allen Seins.

Wie sind wir?

Wir sind reinste Lichtenergie.

Woher kommen wir?

Wir sind entstanden aus dem reinen Geist. Vereinzelte Wesen haben auf anderen Planeten gelebt, andere seit jeher im Höchsten Licht.

Für die allerletzte Erfahrung Dualität zu leben, haben wir die Erde kreiert, im Einheitsbewusstsein mit dem Schöpfer.

Wohin gehen wir?

Wir sind Zuhause. Hier auf der Erde. Die Erde ist unser Zuhause.

Wenn wir die letzte Hürde geschafft haben, wissen was wir noch lernen wollten, dann sind wir angekommen. In uns selbst und gleichzeitig auf der Erde.

Wenn alle Seelen Sind ist nur noch Sein.

Dann, wenn alle Seelen an diesen Punkt gelangt sind, können alle zusammen mit der Erde aufsteigen, zusammen in die Ewigkeit eingehen.

Wer dieses Wissen hat, kann jetzt und heute in diesem Bewusstsein auf der Erde leben.

Welche Freude, welche Freiheit. Einfach Sein, einfach leben.

Es gibt nichts mehr zu tun, nichts mehr zu lernen. Wir haben nichts mehr zu erschaffen.

Alles ist getan.

Intuitives Handeln

Wer motiviert ist, etwas zu tun, soll es aus der Freude heraus machen. Das heisst, intuitiv handeln in jedem Moment.

Wer intuitiv handelt und agiert, tut genau das Richtige am richtigen Ort.

Diese Menschen werden andere Menschen leiten und geleiten, wie das auch immer aussehen mag. Unspektakulär irgendwo im hintersten Winkel der Erde oder mitten auf der Weltenbühne.

Du hast die Wahl

Willst du im Rampenlicht stehen, dann tue das. Willst Du zurückgezogen leben, dann tue das.

Du kreierst Deine Welt. Unterhalte Dich selbst. Kreiere Deine Zukunft. Sei Dein eigener Regisseur.

Durch Dein Bewusstsein hast Du ein Freies Feld.

Mache das, was Du tiefst in Deinem Herzen weißt und das was Du schon immer machen wolltest. Das was Dir echte Freude bereitet.

Reise an die Orte, die Dich auf tiefster Ebene schon lange zu sich rufen.

Du bist frei wie ein grosser weisser Vogel

Genau das bist Du. Ein Engel auf Erden. Ein Engel mit höchstem Bewusstsein, im menschlichen Körper, auf unserem Heimatplaneten Erde.

Eine lange Reise ist zu Ende gegangen. Du bist der Engel, der sich einst vorgenommen hat, genau diese Reise anzutreten.

Billionen von Jahren warst Du unterwegs. Jetzt bist du hier und nur das zählt. Genau das was Hier und Jetzt Ist.

Bevor wir auf die Erde kamen

Billionen von Jahren warst Du unterwegs, auf anderen Planeten, in anderen Universen.

Hier auf Erden schlägt Dir Dein letztes Stündchen. So ist es. Und wenn Du willst, bleibst Du im Körper, trotz des Hohen Bewusstseins, welches Du früher nur erlangen konntest, indem Du Deinen Körper verlassen hast, sprich den physischen Tod vollzogen hast.

Jetzt kannst Du dieses Bewusstsein erlangen und im Körper bleiben. All das hast Du Dir vorgenommen, bevor du das allererste Mal auf die Erde kamst.

Bist Du bereit?

Bist Du bereit, diesen Schritt zu vollziehen? Lass Deine letzten Körperzellen sich wandeln, damit sie frei sind, diese Information des Ewigen Lebens zu bekommen.

Ewiges Leben auf Erden

So ist Ewiges Leben auf Erden möglich. Du bestimmst, ob und wann Du Deinen Körper verlässt, um in einer körperlosen Welt zu agieren.

Du selbst bestimmst den Zeitpunkt, in Deiner vollen Bewusstheit, wenn es für Dich wieder einen Schritt weitergeht.

Du selbst dehnst Deine Welt aus. Du erschaffst Dir Neues Gefilde, Neuen Lebensraum.

So wie Du leben möchtest, so wird es Sein.

Du planst, mit wem Du wo leben möchtest.

So ist das Neue Bewusstsein. Es ist Dein Erbe.

Die wirkliche Ankunft auf Erden

Mit diesem Bewusstsein auf der Erde zu leben, ist erst die wirkliche Ankunft.

Lichtplanet Erde

Wenn wir dieses Bewusstsein erlangt haben, sind wir in Einheit mit der Erde und wissen, dass unsere Erde ein reiner Lichtplanet ist.

Lichtkörper Mensch, Lichtkörper Erde

Wenn das Magnetfeld sich aufgelöst hat, sind wir auf Lichtebene mit der Erde verbunden.

Alles je Dagewesene vor dieser Ankunft war Schulung, Erfahrung, überall in jeglichen Galaxien und Gefilden des bestehenden Kosmos.

Universum Erde

Die Erde dehnt sich aus zum Universum Erde. Dies ist jetzt möglich, da die irdische Zeit und die kosmische Zeit wieder in Einheit gelangen.

Der Prozess der Zeitverschiebung gehörte zum Schulungsprogramm. Nur durch die Zeit, die wir hatten, war es möglich, all die Erfahrung zu machen.

Angepasste Zeit

Es existiert nur noch die Gegenwart des Universums Erde. Alles geschieht im jeweiligen Moment. Die ganze Kraft konzentriert sich auf den Moment.

Gemeinsames Wirken

In diesem Bewusstsein beginnt das Gemeinsame Wirken.

Menschen tun sich zusammen, um am gleichnamigen Projekt mitzuwirken.

Jedes individuelle Paar wirkt an seinem jeweiligen Ort.

Zwillings-Flammen

Der Prozess der Zwillings-Flammen-Bildung ist noch am Laufen. Dieses Neue Menschengebilde wird der Neue Schöpfungsschritt sein.

Natürlicher Spiegel

Die sichtbare Erscheinung der Zwillings-Flammen basiert auf dem Höchsten Ausgereiften Sein des Innersten Selbst. Dieses herausgestülpt ist wie ein natürlicher Spiegel.

Dieses Erscheinen ist erst möglich, wenn wir die Dualität verlassen haben, d.h. diese erlöst, geheilt und transformiert ist ins Höchste Licht.

Höheres Selbst

Das Höhere Selbst der Zwillings-Flammen kann gebeten werden, bei der Zusammenfindung, d.h. bei der Inneren Wandlung behilflich zu sein. Nur das Höhere Selbst hat diese Berechtigung.

Das Höhere Selbst ist die Wahre Verbindung einer Zweier-Einheit. Es macht die Zwillings-

Flammen aus.

Einheitspaare

Zwei einheitliche Wesen in menschlicher Form, die sich finden, wenn die letzte Körperzelle sich gewandelt hat. In dieser Einheit werden sie wirken und bewirken.

Einrichtungen

Einrichtungen zur Paarfindung wird es zu gegebener Zeit als offizielle Treffpunkte geben, wo sich höchstbewusste Menschen hingezogen fühlen, um ihrem wahrhaftigen Pendant zu begegnen.

Sich erkennen

Man wird sich erkennen, da diese Abmachung Des-sich-Begegnens schon getroffen wurde, bevor wir das allererste Mal die Erde betreten haben.

Trennung und Abmachung des Wiedersehens

Wir werden einander an der Sprache erkennen, da diese direkt aus dem Herzzentrum erschallt. Eine gewisse Vibration begleitet die Worte.

Es kann auch eine Lichterscheinung über die Augen sein. Die höchste Freude über das Sich Erkennen wird nicht ausbleiben.

Zeit der Zusammenführung

Der Zeitpunkt dieser Begegnungen ist nahe. Dieser geht einher mit dem Ende des letzten Schöpfungsschrittes und dem Beginn des neuen Schöpfungsschrittes.

Ein Neuer Schöpfungsschritt

Die Erde zu kreieren vor über vier Milliarden Jahre war ein Schöpfungsschritt.

Nun stehen wir vor einem erneuten Schöpfungsschritt. Der wiederum beinhaltet eine Erweiterung dessen, was je dagewesen.

Sichtbares Erscheinen

Erscheinungen, mit dem physischen Auge wahrnehmbar, werden die Erde bevölkern.

Die erste Neuerung sind die Einheitspaare. Diese wiederum werden Neues erschaffen in unermesslicher Dimension.

Das menschliche Einheitspaar ist der Schöpfer. Einheit geworden mit der Quelle allen Seins kreiert das Einheitsgebilde die Neue Welt.

Leben im zukünftigen Geschehen ist nur möglich in der Zweiereinheit mit dem wahrhaftigen Partner.

Die Neuen Energien erlauben nur noch das Lebendige Sein in der absoluten Wahrheit.

Vorbestimmt

Es ist vorbestimmt, wer mit wem zusammenkommt. Es ist wie eine Codierung, die haargenau die beiden passenden Pendants zusammenführt.

Die Fügung

So fügt sich das eine zum anderen, was den Neuen Schöpfungsschritt ausmacht.

Der Neue Mensch

Dieses Gebilde in der Zweiereinheit wird die Neue Menschheit sein.

Es ist nicht nur ein Evolutionsschritt, es ist ein Schöpfungsschritt.

Die Schöpfung

Aus dem Urknall ist die Sichtbarkeit des Seins entstanden. Das Sein wurde lebendig.

Durch alle Evolutionen hindurch sind wir jetzt wieder im Sein angelangt und dieses erfahrend im menschlichen Körper.

Und da Seiend, kann der nächste Schritt geschehen.

Einander die Hände reichen

Als Einheitsgebilde reichen wir einander die Hände.

Zwei Menschen, die zum gegebenen Zeitpunkt die absolute Wahrheit erfahren und in die letzte Körperzelle integriert haben.

Neues Gebilde

So sieht das Neue Gebilde aus. Zwei Menschen, eine Einheit. Synchron gehen sie einher. Synchron agieren sie. Alles, was sie tun, ist im Gleichklang.

Harmonie

Dadurch verläuft alles harmonisch. Jede Bewegung, jeder Schritt.

Neues Wirken

In dieser Konstellation kann Neues bewirkt werden.

Neuerungen

Ganz einfach werden Neuerungen erscheinen. Diese zu erfüllen wird ein Leichtes sein.

Alles aus erster Hand

All das Neue entsteht durch das Einheitsgebilde Mensch auf Erden.

Mensch und Erde im Gleichklang

Die Entstehung des Neuen kann in Leichtigkeit geschehen, da in diesem Zustand das Neue Menschengebilde und die Erde im absoluten Gleichklang sind, um entsprechend zu wirken.

Einander Lehrer sein

Zwei Menschen, bevor und bis sie sich begegnen, lehren einander, durch und über die geistige Verbindung.

Die Ewige Sehnsucht

Das Wissen voneinander bildet die Sehnsucht, tiefst im eigenen Herzen anzukommen.

Nur da findet Begegnung statt.

Zellbewusstsein

Lebt der Mensch sich als Ganzheit, bis in die letzte Körperzelle, findet Begegnung statt, von Angesicht zu Angesicht.

Tiefst im Herzen ist der Punkt der Ewigen Heimat angelegt.

Kommen wir heim, ist da jemand der auf uns wartet.

Schulungsuniversum Erde

Es ist diese Hohe Schulung, die wir auf der Erde lehren werden, in unserem Universum Erde.

Die Lehrer sind diejenigen, die den weiten Weg heim in ihr eigenes Herz gemacht haben, um zusammen mit ihrem Pendant zu wirken.

Die zukünftige Lehrerschaft besteht aus einem Einheitsgebilde.

Synchron, harmonisch, Höchste Zärtlichkeit ausstrahlend.

Zärtliches Miteinander

Das Zusammensein von Einheiten beruht ausnahmslos auf Zärtlichkeit und absoluter Harmonie.

Einssein mit der Erde

Wenn wir vollständig auf die Erde kommen, sie in aller Bewusstheit berühren, wird das Einheitsgebilde in Erscheinung treten.

Wir kommen an auf der Erde und das Allerliebste steht vor uns.

Eine lange Reise geht zu Ende. Alles was war bis jetzt, war Reise.

Jetzt kommen wir auf der Erde an.

Woher kommen die Menschen

Es sind Wesen, die auf anderen Planeten und Sternengebilden angesiedelt waren.

Der Schöpfungsplan erlaubte die Kreation von Neuem Lebensraum.

Androgyne Paare, woher sie auch immer gekommen sind, waren die Erderbauer. Die menschliche Typenverschiedenheit weist darauf hin.

Die Androgynität wandelte sich in die Dualität, da noch eine weitere Lernerfahrung gemacht werden wollte.

Heute stehen wir vor dem Schritt, ganz in die Ewigkeit heimzukehren, und dies bei lebendigem Leibe.

Das heisst, wir erfahren höchste Bewusstheit, seiend im menschlichen Körper, hier auf unserem Heimatplaneten Erde.

Freier Wille

Es ist der Freie Wille eines jeden Individuums, ob es das auch wirklich will.

Es kann die Entscheidung getroffen werden, im Körper zu bleiben oder ihn zu verlassen, auf welche Art auch immer.

Photonenlicht

Auf jeden Fall gehen wir hinüber ins Photonenlicht und das ist nur möglich in einem absolut gewandelten Körper. Wenn auch die letzte Körperzelle Photonenlicht, das heisst Einheitsenergie erlangt hat.

Duales Denken ist dann nicht mehr möglich.

Erdbevölkerung

Zurzeit vor der Erdkonstruktion gab es nicht sehr viele

Wesen, die auf den verschiedenen, damals existierenden Planeten lebten.

Wenn man die heutige Erdbevölkerung betrachtet, ist diese ein vieles mehr als in der damaligen Zeit.

Im Laufe der Evolution sind immer mehr Wesen entstanden, um in der menschlichen Geschichte mitzuwirken.

Für die Zeit dieser jetzigen hohen Transformation wollten speziell viele Wesen auf die Erde kommen, um dieses Grosse Geschehen mitzuerleben, ein Teil davon, um mit ihrem weiten Bewusstsein mitzuhelfen.

Erinnerung

Tiefst in seinem Innern kann ein jeder nachfragen, woher er kommt und mit wem zusammen er agierte, von welchem Wesen er sich damals trennte und jetzt kurz vor der Wiederbegegnung steht.

Mit diesem wahrhaftigen Pendant beginnt das zukünftige Leben und werden als Einheit in die Ewigkeit eingehen.

Orte der Einheit

Orte werden sichtbar, die eine direkte Verbindung haben zu einem entsprechenden Planeten. Dies ist jeweils der erste Ankunftsort zu Beginn der Kreation der Erde.

Neuer Lebensraum

Jeder kann nun wiederum in seinem tiefsten Innern erspüren, wohin es ihn zieht.

Dieser Ort wird der zukünftige Lebensraum sein.

Gestaltung Neuer Lebensraum

Ersehe in Deinem Innersten, wie du in Zukunft leben möchtest, mit wem und wo.

Gestalte Deinen eigenen Lebensraum aus Deiner Inneren Sicht.

In Dir ist alles angelegt und jetzt trage es nach aussen.

Wenn sich unsere menschliche Zeit und die kosmische Zeit verbünden, wird es geschehen.

Vorab ist es wichtig zu wissen, dass die Gestaltung in Deinen Händen liegt und wie diese aussieht.

Zwölf Planeten und Sternengebilde

Es waren derer zwölf von welchen je ein androgynes Paar bereit war, die Erde mitzugestalten.

Mit der Erde zusammen sind es insgesamt dreizehn, was schlussendlich das Universum Erde ausmacht.

Die Erde ist die Zentrale Stelle.

Von diesen zwölf Gestirnen strömt es auf die Erde ein und die Erde strahlt zurück.

Es ist ein Geben und Nehmen, ein höchst erfüllter Austausch.

Hohe Strahlkraft

Es ist eine Hohe Strahlkraft, die zurzeit auf die Erde einwirkt. Sie belebt das, was die Erde überhaupt ausmacht.

Tief Verborgenes wird erscheinen und uns in der Zukunft dienen.

Menschen werden Neues Wissen erlangen durch das Erwecken der Zellkerne, welche das Innerste Potential eines Menschen ausmachen.

Höchstfrequente Orte

Die stärkste Einstrahlung erfolgt an den Orten, die eine direkte Verbindung aufweisen mit einem Planeten oder Sternengebilde.

Planet der Liebe

Unser Planet Erde ist der Planet, wo wir erfahren, was Wahre und Ewige Liebe bedeutet.

Kein anderes kosmisches Gebilde beinhaltet diese Eigenschaft.

Von den ihr zugehörigen anderen Gebilden bekommt die Erde die Energie, welche die Eigenschaft Liebe zu ihrer Wahren Identität erhebt.

Lichtempfänger

Menschen, die bereit waren, diese Strahlung zu empfangen, haben mitgewirkt, dass sich jetzt diese Ewige Liebe, das Ewige Leben ausbreiten, entfalten kann.

Lange gehaltene Knospen im Innersten des Menschen öffnen sich zu Blühendem Leben.

Religio

Religio heisst Rückbindung an das Höchste Sein, an Alles was Ist.

Diese Rückbindung geschieht jetzt im tiefsten Herzenskern, wenn ein Mensch dazu bereit ist und es geschehen lassen kann. Die Wahre Identität eines jeden Individuums ist da drinnen angelegt.

Aus diesem Sein sind wir geboren, im Sein sind wir zurück.

Einssein

Es geht um die Wahrnehmung des Einsseins. Es war immer, Ist, und wird immer Sein.

Neues Bewusstsein

Dieses Neue Bewusstsein ermöglicht die Wandlung letztendlich aller Zellen, daher ist dieses Einssein mit der Quelle allen

Seins im menschlichen Körper lebbar, was absolute Freiheit bedeutet.

Wir sind jetzt in der Zeit, packen wir es an.

Neue Verbindung mit Gaya – Universum Erde

Körpertransformation

Wir befinden uns in der Körpertransformation und unser Körper will eine Neue Verbindung mit Gaya.

Was kann ich tun?

Das Wichtigste ist die senkrechte Verbindung zwischen Himmel und Erde.

Ueber dem Scheitel hoch hinaus gut verbunden sein mit dem Höchsten Licht, dies mit der Vorstellungskraft.

Scheitel-Chakra öffnen.

Über die Füsse, ganze Fussohlen, gut verbunden sein mit dem Höchsten Licht im Zentrum der Erde.

Stärkung der Verbindung zum Erdmittelpunkt über die Fusssohlen.

Fuss-Chaka öffnen.

Öffnen von Fusschakren durch Linksschwingung, in der Vorstellungskraft oder auch physisch.

Fuss-Chakra öffnen

Man kann zwei Blatt Papier nehmen und je einen Linkswirbel, beginnend im Zentrum und links nach aussen schwingen, aufzeichnen.

Auf den Boden legen und mit den Füssen draufstehen. Jetzt in der Vorstellungskraft die Chakren nach *links* aufschwingen.

Viel Barfuss gehen und bewusst Gaya berühren. Immer die Linksschwingung im Visier haben.

Lichtverbindung zu Gaya

So entsteht mehr und mehr Lichtverbindung zu Gaya.

Das heisst gleichzeitig Transformation der Nervenzellen und wir werden ruhiger und gelassener.

Wichtig ist Kontinuität

Die alten Kräfte sind rechts schwingend und werden jetzt umgeschwungen. Es sind die Körperzellen, die in Wandlung sind.

Information an die alte Schwingung

Liebevoll die alte Schwingung informieren, was gerade geschieht.

Heilung

Darum bitten, dass sich die alte Schwingung erlöst, heilt und transformiert ins Höchste Licht.

Umsetzung

Ist eine gute Verbundenheit und stabile Verankerung mit Gaya vorhanden, kann das Innerste Herzenswissen umgesetzt und gelebt werden.

Verankerung

Vom Steissbein die Lichtenergie in die Erde fliessen lassen bis zum Herzen der Erde.

Woher kommen wir, wohin gehen wir?

Im tiefsten Herzenskern ist das Wissen, von welchem Planeten, Sternengebilde, oder woher auch immer, wir gekommen sind.

Weisst Du es, fällt es Dir leichter zu erfahren, wohin Dein Weg weitergeht.

Der erste Ankunftsort auf Gaya in uralter Zeit, wird derjenige sein, an den Du dich begibst in naher Zukunft.

Alles ist in Dir

Wenn Du Eins bist mit Allem-was-Ist, integriert in Deine Körperzellen, in reiner, stabiler Verbindung mit Gaya, wird das möglich, was Du tiefst in Dir weißt.

Jetzt ist die Zeit!

Körpertransformation

Fuss-Chakren

Die Linksschwingung der Fuss-Chakren bringt alle anderen Körperzellen, aller Organe, in die Neue Schwingung. Schlussendlich schwingt der ganze Körper neu.

Lichtkörper

Daraus resultiert der Lichtkörper und schwingt in Einheit mit Gaya.

Ernährung

Angepasste Ernährung und Ausleitungen erleichtert die Umschwingung der Zellen.

Entspr. Literatur ist vorhanden.

Base-Säure-Haushalt

In dieser Zeit der Körpertransformation ist ein Ausgleich des Base-Säure-Haushalt wichtig.

Diesen im Gleichgewicht halten und viel heisses Wasser trinken, was gut ist für den Energiekreislauf und die Verdauung.

Zellinformation

All das unterstützt die Linksschwingung und hilft alte Zellinformationen herauszuputzen.

Ganz und gar immer den jeweiligen Augenblick wahrnehmen.

Krankheitserscheinungen

Schwindel und allgemein körperliche Probleme, auch psychischer Art, haben mit dieser Zellwandlung zu tun.

Darum wichtig!

Unterstützt die Umkehr der Zellen in die Linksschwingung in jeder erdenklich möglichen Weise.

Alles andere nennt man Blockaden!

Begegnung mit seinem ureigenen Pendent

Dieses wahrhaftige sich wieder Finden auf Körperebene kann erst stattfinden, wenn auch die letzte Körperzelle sich gewandelt hat und eine reine, fliessende Verbindung mit Gaya besteht.

Das Grosse Sein wird angeschwungen

Im allertiefsten Punkt des Herzens Ist das Ewige Sein, das Höchste Licht.

Der Neue Schöpfungsschritt

Das Ewige Sein schwingt seit Ewigkeiten links.

Dieses haben wir erreicht und mit unserem Neuen Bewusstsein dehnt sich dieses nun aus bis in alle Körperzellen.

Wir sind Eins geworden mit dem Universum Erde.

Universum Erde

Das Universum Erde ist unser Neues Zuhause, solange bis der nächste Schritt angesagt ist.

Wie lange dies dauert kann nach unserer jetzigen Zeitangabe nicht gesagt werden.

Wichtig ist immer der Moment, jedoch immer im Bewusstsein, wo wir gerade stehen.

Schwingung

Der Antrieb des Höchsten Seins basiert auf der «gesunden, stabilen» Schwingung der Fuss-

Chakren, sodann die Einheitsschwingung des Herzenskerns von Gaya und die des menschlichen Wesens gewährleistet ist.

Freie Bewegung auf Gaya

Nun kann das sich freie Bewegen auf Gaya stattfinden.

Das Zueinanderfinden auf Herzensebene

Die Herzen der Zwillinge gehen vermehrt in die Verschmelzungsphase.

Gefühl von Schwindel

Dieses Geschehen setzt ein Gefühl von Schwindel frei.

Nun ist es wichtig, dass wir diese starke Herzenergie in den Kopf fliessen lassen. D.h. wir schaffen Verbindung in unseren Kopf, damit dieser Durchfluss gewährleistet ist.

Thymusdrüse aktivieren, Kehl-Chakra öffnen.

Was wir hier erleben, ist dieselbe Transformation, die der Mensch im hohen Alter erlebt.

Alterserscheinungen

Demenz, Alzheimer, Altersschwindel, basiert auf dieser Wandlung des physischen Körpers.

Die menschliche Geschichte löst sich auf, und was bleibt, ist eine Leere die mit Neuer Energie gefüllt werden will.

Neue Energie

Wenn wir dieses Bewusstsein haben und mit der Neuen Energie umzugehen wissen, diese gezielt einsetzen, das heisst mit dem Herzensbewusstsein, und dieses mit dem Kopfbewusstsein Einheit geworden ist, können wir Grosses bewirken.

Hier auf Gaya, im Universum Erde, in absoluter Einheit mit diesem Sein, können wir das umsetzen, für das jedes Individuum auf die Erde gekommen ist.

Neue Berufe

Dadurch entstehen Neue Berufe. Wiederum, gut in sich hinein hören, da drinnen ist dieses Wissen, durch das Erinnern an den Inkarnationsplan.

Seelenplan

Bevor Du inkarniert bist, wusste Deine Seele genau wofür. Dieses Wissen wurde im Laufe des Lebens zugeschüttet und wird auf langem Wege wieder ausgegraben.

Immer wieder um Hilfe bitten, bei Engeln, Erzenengeln, Aufgestiegenen Meistern und auch bei Menschen die diesen Weg gegangen sind.

Dann entsteht die Möglichkeit den Plan umzusetzen.

Lebe Dein Leben

Erste Priorität hat das Leben selbst. Du hast eine grosse

Wandlung durchgemacht und bist in Deinem Körper geblieben.

Also hast Du das Wissen und Deinen Körper. Du bist Einheit mit Gaya und jetzt schau, was Dein Plan ist.

Setze ihn um – j e t z t !

Gaya-Zeit

Gaya ist die feinstoffliche Erde. Das Erdzeitalter ist vorbei. Wir sind eingetreten in das Gaya-Sein, was Zeitlosigkeit bedeutet.

Viele Mensch- und Geistwesen haben an dieser Wiedergeburt der Neuen Erde mitgewirkt.

Jetzt und Heute haben sich viele Menschen bewusst gewandelt in ihre Feinstofflichkeit. Dadurch ist es möglich, als feinstoffliche Wesen mit Gaya zu leben.

Das Neue Wesen Mensch

Wir nennen es Neues Element. Ein Höchst bewusstes Wesen, in Einheit mit Gaya.

Bewohner von Gaya

Wir Sind und wohnen mit Gaya.

Lasst uns kommunizieren, zusammenfinden und leben mit Gaya – j e t z t !

Wir Sind Zuhause angekommen

Die Ankunft

Wir Sind Zuhause angekommen. Gaya Ist unsere Neue Heimat. Dieses Wissen auf allen Ebenen in sich integriert zu haben, bedeutet Höchstes Bewusstsein.

Kannst Du das nachvollziehen?

Du Bist Zuhause! Nehme es wahr. Es gibt nichts anderes. Jetzt lebe Dein Leben, in absoluter Freiheit, im absoluten Wissen, dass Du Daheim Bist. Gut behütet, geborgen, geliebt.

Neues Gefilde

Schau dich um, wo Du gerade stehst. Jetzt mache Deine ersten Schritte in diesem Neuen Gefilde.

Achtsame Langsamkeit

Immer wieder innehalten, wahrnehmen, ausruhen. Dann wieder hinsehen, schauen, spüren.

Herzensfreude / Lebensfreude

Was macht Dir am meisten Freude, was sind Deine Talente.

Tue die Schritte – j e t z t !

Neue Zeit

Die Neue Zeit ist da. Vieles fühlt sich leichter an.

Zwei Einheiten finden sich

Das Höchste Sein will, dass die Zwillings-Flammen diesen Schöpfungsschritt vollziehen, indem sie zusammenfinden, hier auf Gaya.

Einheitswille

Das gleiche wollen die Zwillings-Flammen, sobald sie vollkommen Eins sind mit dem Höchsten Sein und mit Gaya.

Einheitsherz

Das Einheitsherz, als Höchstes Sein, hat das Sagen und will sich zeigen im Ausdruck durch die Zwillings-Flammen, auf Gaya.

Das Geheimnis der Menschheit

Es ist das Lüften des Geheimnisses, sich seiner Zwillings-Flamme zu offenbaren.

Das Einheitsherz spricht.

Zurückhaltung ist out. Die Ganze Wahrheit erscheint im Licht.

Erinnerung

Sich seiner Zwillings-Flamme gegenüber zu outen, sofern man sein Pendant kennt, ist jetzt wichtig, damit auch das andere Wesen beginnt sich zu erinnern.

Es wird eine grosse Erleichterung sein für die Menschen und ein weitreichender Friede eintreten, wenn dieser Liebesfluss sich frei gestalten kann.

Heilung des Zungenbeins

Herzenssprache ist nur möglich, wenn das Zungenbein erlöst, geheilt und transformiert ist ins Höchste Licht. Somit Herz und Zunge wieder Einheit geworden sind.

D.h. wiederum das Kehl-Chakra öffnen.

Der Wille des Einen Herzens

Es ist der Wille des Einheitsherzens, der jetzt das Leben dirigiert. Wer da Zuhause angekommen ist, weiss, was das heisst und lebt entsprechend danach.

Dann geschieht jede Handlung in der Grossen Ordnung und es braucht keine Überlegung mehr was zu tun ist, das Wissen ist präsent.

Zellbewusstsein

Dieses Neue Wissen dringt jetzt auch mehr und mehr durch alle Körperzellen.

Der Prozess bis anhin war Loslösung alter Zellstrukturen. Dann kam ein Moment der Leere und nun füllt das Neue Wissen die Zellen mit dieser wundervollen Einheitsenergie.

Wie schon erwähnt, wenn die letzte Zelle gewandelt ist, kann die körperliche Vereinigung geschehen und eine Trennung wird nie mehr möglich sein.

Wann das sein wird, kann in unserem Zeitbegriff nicht prognostiziert werden.

Es wird genau dann geschehen, wenn das Einheitsherz es will.

Die letzte Zellwandlung findet schlussendlich im menschlichen Herzen statt.

Hier liegt auch die Ursache von Herzerkrankungen und Rückenproblemen in diesem Bereich.

Buddha

Über Buddha sind Kenntnisse vorhanden, dass er vor seinem grossen Transformationsschritt an Rückenschmerzen litt. Das heisst nichts anderes, als dass er den Schritt, vor dem wir jetzt stehen, noch nicht getan hat.

Buddha heisst Erleuchtung

Buddha hatte die höchstmögliche Erleuchtung erlangt, die damals möglich war. D.h. er hatte die Vollendung der Verschmelzung der Zwillingseinheit in sich selbst absolviert. Das nennt man Erleuchtung.

Der Neue Schöpfungsschritt ist die vereinigte Sichtbarwerdung von zwei Erleuchteten, hier auf Gaya.

Synchronabfolge

Genau dann, wenn die allerletzte Zelle sich wandelt, findet auch die physische Sichtbarwerdung mit dem ausgesuchten Erleuchtungs-Pendant statt. Es geschieht also synchron.

Ab dann ist die Zwillingseinheit für immer beisammen und wirkt in der Gemeinsamkeit.

Neue Projekte

Durch die Gestaltung der Einheitsenergie entstehen Neue Projekte.

Deine Zwillings-Flamme ist das Höchste Sein Selbst

Das Auffinden des ureigenen Zwillings ist das Erkennen und absolute Einswerden mit dem Höchsten Sein.

Die sogenannte illusionäre Trennung vom Höchsten Sein ist auch die vermeintliche Trennung vom ureigenen Zwilling.

Diesem begegnen wir hier auf Erden und gleichzeitig ist dies die Wiedervereinigung mit dem Höchsten Sein.

Wohlgemerkt, dies alles spielt sich auf der Bewusstseinsebene ab. Wirklich getrennt waren wir nie, weder vom Höchsten Sein, noch von der Zwillings-Flamme.

Alles, was wir bisher gelebt haben, war Scheinwirklichkeit. D.h. wir haben Dualität erschaffen, also waren wir auch «scheinbar» getrennt.

Erleben wir dieses Wissen nun auch auf Zellebene, kann das Neue Leben miteinander beginnen.

Happy End – New Beginning

Lichtraum, Lichtkörper

Der Lichtkörperprozess ist abgeschlossen, wenn die letzte Zelle gewandelt ist.

Lichtkörper geworden, bilden wir den Lichtraum um uns herum.

Wir beginnen ein Neues Leben in einem Neuen Raum.

Friede im Herzen finden

Wenn die Einheitsenergie im Innersten des Herzens erlangt ist, kehrt Friede ein.

Der tiefste Herzenskern, der Ursprung, schwingt seit ewigen Zeiten im Gleichklang.

Die Urschwingung

Die Urschwingung ist linksdrehend. Aus dieser ist jeder Mensch und jedes Lebewesen, sowie jeder Planet und jedes Sternengebilde geboren.

Ausdehnung der Urschwingung

Die Schwingungserhöhung verstärkt sich und wandelt jegliche Körperzellen.

Die Urenergie durchlichtet den ganzen Körper, auch die Zähne.

Alles, was die Ausdehnung behindert, macht Beschwerden.

Wiederum an dieser Körperstelle bewusst die Linksschwingung mitgestalten, bis alles im grossen weiten Fluss ist.

Diese Schwingung durchlichtet auch jegliche Weiten des Kosmos. Das heisst, von Grund auf erfährt Alles was Ist und existiert diese Neue Schwingung. So lange, bis Alles was War von Anbeginn, erlöst, geheilt und transformiert ist ins Höchste Licht.

Eine Neue Welt

Eine Neue Welt entsteht. Wir leben als Lichtwesen im Licht und das auf sichtbare Art.

Wir bleiben im menschlichen Körper, der sich zum Lichtkörper wandelt.

Wir mutieren zu Kristallwesen, unser Körper wird kristallin.

Kristallgitternetz

Dieses Neue Kristallgitternetz ist in der Erde installiert und wird nun aktiviert.

Aktivierung

Menschen, die im Einheitsbewusstsein leben, sind aufgerufen, an die Orte zu gehen, nach denen sie einen Herzensruf verspüren.

Vor Ort für eine Weile lebend, werden sie mithelfen bei der Aktivierung.

Neues Bewusstsein

So kann das Neue Bewusstsein durch und um die Erde fliessen.

Alle Menschen haben dadurch die Möglichkeit sich da einzuklinken.

Zwei Einheitsherzen im Gleichklang

Zwei Herzen schlagen in Deiner Brust. Das eine Herz ist das Herz Deiner Zwillings-Flamme.

Im absoluten Gleichklang angekommen findet auf sichtbarer Ebene Begegnung statt.

Das bisherige menschliche Herz wandelt sich zum Einheitsherzen.

Lassen wir es geschehen – j e t z t !

Herstellung und Verlag: BoD – Books on Demand,
Norderstedt
ISBN: 9783750468696
© 2013 Helene Gfeller

Bezugsadresse für dieses Buch:
Helene Gfeller, marielene51@web.de